Little People, BIG DREAMS™

LEO MESSI

en español

Escrito por
Maria Isabel Sánchez Vegara

Ilustrado por
Florencia Gavilan

Traducido por
Linda Ruggeri

Frances Lincoln
Children's Books

En Rosario, Argentina, vivía un niño que creció con un balón
de fútbol pegado a los pies. Se llamaba Leo y, desde que
empezó a caminar, le encantaba jugar en la calle con sus
hermanos y primos. Pero estaba ansioso por demostrar lo
mucho que valía en el campo.

Cuando tenía cuatro años, su abuela le llevó a ver un partido en el que jugaban niños mayores. Al notar que faltaba un jugador, su abuela le pidió al entrenador que dejara a Leo ocupar su lugar. Apenas comenzó a correr con la pelota, ¡se ganó su puesto en el equipo!

Después, fichó por su club favorito en la ciudad. Por muy grandes que fueran sus rivales, siempre encontraba la manera de regatearlos. Con Leo de su lado, "La Máquina del 87", como se conocía a su equipo, ganó todos los torneos.

Leo tenía nueve años cuando los médicos descubrieron que su cuerpo necesitaba ayuda para crecer. Así que cada día se ponía una inyección especial, primero con la ayuda de sus padres y luego él solo. Al principio le costó un poco, pero pronto empezó a ver los resultados.

Por desgracia, su abuela falleció poco después de que Leo empezara su tratamiento. Desde ese día, cada vez que marcaba un gol, se lo dedicaba a ella señalando al cielo.

Durante los seis años que jugó en Newell's,
¡marcó más de 500 goles!

Cuando tenía trece años, Leo y su padre visitaron España para una prueba con el Fútbol Club Barcelona, uno de los mejores equipos de Europa. Y aunque su primer contrato se firmó en una simple servilleta de papel, consiguió que sus sueños echaran a volar.

Pero sus inicios en la academia juvenil del Barcelona no fueron fáciles. En su primer partido, se lesionó. Aun así, Leo siguió trabajando duro para recuperar fuerza y musculatura. Dando lo mejor de sí cada día, creció como futbolista y como persona.

Tenía 16 años cuando debutó con el primer equipo de la mano de Ronaldinho, la estrella del equipo. Los dos amigos conquistaron todo lo que se les puso por delante.

El día que Ronaldinho dejó el club, le pidió a Leo que se quedara con su camiseta.

Durante doce años, Leo llevó ese número con orgullo, convirtiéndose en el ícono del equipo, una inspiración para los jugadores más jóvenes y una leyenda para los aficionados. Directivos, entrenadores y rivales estaban de acuerdo: era el mejor jugador de la historia del fútbol.

Aun así, hasta el mejor jugador del mundo pierde a veces. Cuando eso sucedía, Leo pensaba en todo lo que le hacía feliz fuera del campo. Primero, en su familia, y luego, en todos los niños a los que ayudaba a través de su fundación.

El día que Leo se despidió del Barcelona para unirse al París Saint-Germain, dejó atrás diez títulos de la liga española, cuatro Ligas de Campeones y tres Mundiales de Clubes. Pocos jugadores habían dado tanto a un solo equipo.

Pero a Leo aún le quedaba un sueño por cumplir:
llevar a su país, Argentina, a la victoria en la Copa
del Mundo. ¡Habría cambiado todos sus premios
personales por ese único trofeo! Y cuando por fin
lo levantó, el mundo lo celebró con él.

Y todavía hoy, el pequeño Leo, el gran Messi, se levanta cada mañana con la esperanza de seguir creciendo dentro y fuera del campo. Porque como le gusta decir: "Puedes superar cualquier cosa si amas algo lo suficiente."

LEO MESSI

(Nacido en 1987)

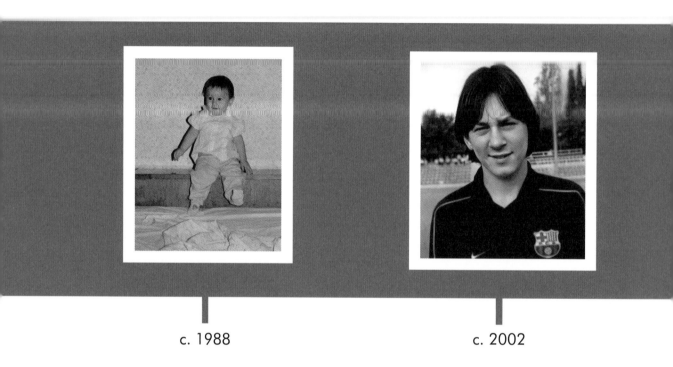

c. 1988   c. 2002

De niño, Lionel "Leo" Messi encontró su pasión por la pelota jugando al fútbol en las calles de Rosario, Argentina. Animado por su querida abuela, pronto se ganó un lugar en el equipo juvenil de Newell's Old Boys, el club que su familia seguía. A los nueve años, a Leo le diagnosticaron un trastorno de salud: su cuerpo no producía suficientes hormonas de crecimiento. Para ayudarle, recibía unas inyecciones diarias muy caras. Pero, afortunadamente, su equipo pagó parte del coste. Cuando era adolescente, las noticias del increíble talento de Leo llegaron a España, y fue invitado a hacer una prueba en la academia juvenil del FC Barcelona. Le ofrecieron un puesto y acordaron pagar por su tratamiento médico. Leo se mudó a Barcelona y pronto se sintió como en casa. Más tarde se

2014

2022

unió al primer equipo y, durante los siguientes diecisiete años, anotó más de 600 goles para el club. Junto con los treinta y cinco trofeos que ganó con el Barcelona, Leo ha conseguido cuatro títulos con Argentina. Su momento de mayor orgullo fue llevar a su país a ganar la Copa del Mundo en 2022. En 2023, se unió al club estadounidense Inter Miami CF. Muchos consideran a Leo como el jugador de fútbol más grande de todos los tiempos: ha recibido más premios Balones de Oro que nadie y ha ganado el premio al Jugador del Año de la FIFA dos veces. Fuera del campo, inspirado por su propia experiencia, apoya a niños vulnerables a través de su fundación y colabora con UNICEF. La historia de Leo nos recuerda que los obstáculos de la vida son solo parte del camino para alcanzar nuestros sueños.

¿Quieres saber más sobre **Leo Messi**?

Echa un vistazo a estos grandes libros:

Lionel Messi: El niño que soñó con ser campeón mundial por Michael Langdon

G.O.A.T. en el fútbol (Soccer's G.O.A.T.): Pelé, Lionel Messi y más
por Jon M. Fishman

También disponible en tapa blanda en español:

FRIDA KAHLO

COCO CHANEL
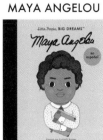

MAYA ANGELOU

AMELIA EARHART

AGATHA CHRISTIE

MARIE CURIE

ROSA PARKS

TERESA DE CALCUTA

JANE GOODALL

ZAHA HADID

MARTIN L. KING JR.

GRETA THUNBERG

CORAZON AQUINO

PELÉ

HANS C. ANDERSEN
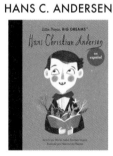

MARY ANNING

MICHELLE OBAMA

RUTH B. GINSBURG

KAMALA HARRIS
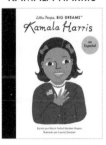

PABLO PICASSO

LEO MESSI

Gama completa de libros en inglés también disponible
en tapa dura y tapa blanda.